AF248324

UNION CATHOLIQUE

DE MONTMORILLON.

COMPTE-RENDU

DES TROIS PREMIÈRES

ASSEMBLÉES GÉNÉRALES

POITIERS

IMPRIMERIE DE H. OUDIN FRÈRES,

RUE DE L'ÉPERON, 4.

1877

UNION CATHOLIQUE

DE MONTMORILLON.

UNION CATHOLIQUE

DE MONTMORILLON.

COMPTE-RENDU

DES TROIS PREMIÈRES

ASSEMBLÉES GÉNÉRALES

POITIERS

IMPRIMERIE DE H. OUDIN FRÈRES,

RUE DE L'ÉPERON, 4.

1877

RESCRIT PONTIFICAL

ACCORDÉ A L'UNION CATHOLIQUE ET AUX DIRECTEURS DE
LA BIBLIOTHÈQUE CATHOLIQUE GRATUITE DE MONTMO-
RILLON.

PIUS PP. IX.

AD PERPETUAM REI MEMORIAM. — Relatum est Nobis in
Monte Maurilionis oppido Diœcesis Pictavien. piam quam-
dam Christifidelium societatem legitime institutam fuisse
rei catholicæ tuendæ, quam vulgo appellant « *Union
Catholique* » ac supplicatum Nobis fuit, ut sodalium pie-
tati fovendæ cœlestium munerum fontes recludere de
Apostolica Benignitate dignaremur. Nos, cum plurima
memoratos sodales pietatis et charitatis opera exercere
consuevisse acceperimus, ac præterea bonis libris impri-
mendis et vulgandis, Bibliothecis ad hoc institutis operam
dare, oblatis precibus obsecundare censuimus. Itaque de
Omnipotentis Dei misericordia ac BB. Petri et Pauli
App. ejus auctoritate confisi, omnibus utriusque sexus
Christifidelibus in præfatam societatem adscriptis et in
posterum adscribendis, necnon præfectis seu directoribus,
ut vocant, pro tempore Bibliothecarum, quas supra memo-
ravimus in cujuslibet eorum mortis articulo si vere pœnitentes et confessi ac S. Communione refecti, vel quatenus

id facere nequiverint saltem contriti, Nomen Jesu, ore si potuerint, sin minus corde devote invocaverint, Plenariam ; iisdemque sodalibus in dicta societate nunc et pro tempore existentibus, ac prædictis Bibliothecarum præfectis seu directoribus quolibet ex quatuor anni diebus, quibus sanctum Missæ sacrificium Comitatus societatis cura ex ipsius societatis instituto celebratur, sacrificio hujusmodi interfuerint, et vere pœnitentes et confessi ac S. Communione refecti Ecclesiam insuper qua sacrum factum est, devote visitaverint, ibique pro Christianorum Principum concordia, hæresum extirpatione, peccatorum conversione, ac S. Matris Ecclesiæ exaltatione pias ad Deum preces effuderint, Plenariam similiter omnium peccatorum suorum Indulgentiam et remissionem, quam etiam Animabus Christifidelium, quæ Deo in charitate conjunctæ ab hac luce migraverint, per modum suffragii applicaii posse misericorditer in Domino concedimus. In contrarium facientibus non obstantibus quibuscumque. Præsentibus perpetuis futuri temporibus valituris. Datum Romæ apud S. Petrum sub Annulo Piscatoris die XXIII Junii 1876.

Pontificatus nostri anno trigesimo primo.

Locus Sigilli :

F. Card. ASQUINIUS.

Vidimus et approbavimus atque executioni mandavimus.

Pictavii die 14 decembris 1876.

L. E. ep. Pictavien.

TRADUCTION DU RESCRIT

ACCORDÉ PAR N. T. S. P. LE PAPE PIE IX A L'UNION CATHOLIQUE ET AUX DIRECTEURS DE LA BIBLIOTHÈQUE GRATUITE DE MONTMORILLON.

———————————•❍•———————————

PIE IX PAPE.

Pour la perpétuelle mémoire de la chose.— Il Nous a été rapporté que, dans la ville de Montmorillon, au diocèse de Poitiers, une pieuse association de fidèles a été légitimement établie sous le nom d'Union Catholique, dans le but de soutenir les intérêts catholiques, et Nous avons été supplié, afin de fomenter la piété des associés, de daigner, par Notre bienveillance apostolique, ouvrir les sources des trésors célestes. Ayant appris que les susdits associés ont l'habitude d'exercer un grand nombre d'œuvres de piété et de charité ; et qu'en outre ils s'appliquent à faire imprimer de bons livres et à les répandre par le moyen de bibliothèques fondées à cet effet, Nous avons résolu d'obtempérer aux vœux exprimés. C'est pourquoi, par la miséricorde de Dieu tout-puissant et appuyé sur l'autorité des bienheureux Pierre et Paul, ses apôtres, Nous accordons miséricordieusement dans le Seigneur, à tous les fidèles de l'un et de l'autre sexe inscrits ou à inscrire à l'avenir dans ladite Association, ainsi qu'aux présidents ou directeurs en charge, des Bibliothèques dont Nous avons déjà parlé, l'Indulgence plénière à l'article de la mort ; pourvu que, vraiment pénitents et confessés, et nourris de la sainte communion ; ou, s'ils ne l'ont pas pu faire, du moins contrits, ils aient invoqué le saint Nom de Jésus, de bouche s'ils le peuvent, sinon dévotement de cœur.

En outre, Nous accordons de même miséricordieusement dans le Seigneur, aux mêmes associés faisant maintenant ou devant dans l'avenir faire partie de ladite Association, ainsi qu'aux susdits présidents et directeurs des Bibliothèques, à l'un quelconque des quatre jours de l'année, dans lesquels le saint sacrifice de la messe est célébré par les soins du comité de l'Association, suivant ses statuts, une Indulgence plénière ; pourvu qu'ils aient assisté à ce saint sacrifice, et que, vraiment pénitents et confessés, et nourris de la sainte communion, ils aient, en outre, dévotement visité l'église où a été offert le saint sacrifice, et que là ils aient répandu devant Dieu de ferventes prières pour la concorde des princes chrétiens, l'extirpation des hérésies, la conversion des pécheurs, et l'exaltation de notre sainte Mère l'Église. — Cette Indulgence pourra être appliquée, par manière de suffrage, aux âmes des fidèles qui ont quitté cette vie unies à Dieu dans la charité. — Ce nonobstant toutes choses contraires. Et seront les présentes valables à perpétuité.

Donné à Rome, près Saint-Pierre, sous l'anneau du Pêcheur, le 23 juin 1876, de notre Pontificat la trente et unième année.

Locus sigilli.

F. Cardinal ASQUINI.

RESCRIT PONTIFICAL

ACCORDÉ AUX COMITÉS CATHOLIQUES DU DIOCÈSE DE
POITIERS.

PIE IX PAPE.

Pour perpétuelle mémoire. — D'humbles prières Nous ont
été présentées récemment pour que nous daignions, de
Notre autorité Apostolique, communiquer aux Comités
catholiques déjà existants, ou qui existeront dans la suite
dans le diocèse de Poitiers, toutes et chacune des indulgences dont jouit le Comité de même forme et de même nom
à Paris.

Nous appliquant avec une charité paternelle à enrichir
des célestes trésors de l'Eglise la religion des fidèles et le
salut des âmes, accédant volontiers aux prières qui Nous
ont été faites, Nous appuyant sur la miséricorde de Dieu
tout-puissant et l'autorité de ses Bienheureux Apôtres
Pierre et Paul, Nous communiquons à perpétuité par la
teneur des présentes ou Nous accordons et donnons de nouveau à tous et à chacun des fidèles de l'un et l'autre sexe
faisant déjà partie ou qui feront partie de l'un des susdits
Comités maintenant existants ou qui existeront dans le diocèse de Poitiers avec la permission de l'Ordinaire, toutes et
chacune des Indulgences soit plénières, soit partielles, et les

autres grâces spirituelles dont jouit le Comité catholique de Paris [1], pourvu qu'ils remplissent exactement dans le Seigneur les œuvres de piété qui sont prescrites pour les gagner [2]. Nonobstant toutes choses contraires. Nous voulons qu'aux copies ou reproductions, même imprimées, des présentes lettres, signées de la main d'un notaire public et munies du sceau d'une personne constituée en dignité ecclésiastique, on ajoute la même foi qu'on ajouterait aux présentes mêmes, si elles étaient exhibées ou montrées. Donné à Rome, près de Saint-Pierre, sous l'anneau du Pêcheur, le 20 juin 1876, l'année trentième de notre Pontificat.

F. Card. Asquinius.

1. L'indulgence plénière pour le jour de leur entrée dans le Comité ; pour les fêtes des saint Joseph et des saints apôtres Pierre et Paul ; pour la célébration annuelle de la messe pour les membres défunts, et pour un jour de l'année, au choix de chacun des membres, visitant leur église paroissiale à cet effet, et priant pour les besoins de l'Eglise.

En outre, l'indulgence plénière à l'article de la mort, pourvu qu'ils invoquent de bouche, ou au moins de cœur, le saint nom de Jésus, s'ils ne peuvent accomplir les conditions ordinaires.

Enfin une indulgence de trois cents jours pour chacune des œuvres qu'ils accompliront suivant la fin des Comités catholiques.

2. Confession, communion, visite de l'église paroissiale et prière pour les besoins de l'Eglise.

INTERPRÉTATION

DE DEUX PASSAGES DU RESCRIT ADRESSÉ AUX COMITÉS
CATHOLIQUES DU DIOCÈSE DE POITIERS.

Deux passages de ce rescrit ayant paru susceptibles d'interprétations diverses, le Comité catholique de Montmorillon en a demandé à Monseigneur l'évêque de Poitiers l'interprétation officielle.

Sa Grandeur a daigné dicter elle-même à M. le secrétaire de l'évêché les réponses aux questions qui lui avaient été respectueusement posées.

Il en résulte :

1° Que non-seulement « les membres des comités « *pro-« prement dits* », maintenant existants ou qui existeront « dans le diocèse, mais tous leurs « *coopérateurs* » : qu'ils se nomment « correspondants, associés, adhérents ou « membres honoraires », « ont droit aux indulgences « accordées au Comité de Paris »[1].

2° Il avait été demandé à Monseigneur « à quels actes s'ap-« plique *l'indulgence de 300 jours pour chacune des œuvres* « *accomplies suivant la fin des Comités catholiques* : — par « exemple, l'assistance aux réunions du Bureau, du « Comité, aux Assemblées générales, aux Messes de « l'Association ; le paiement des cotisations, la distribution

---

[1]. Les indulgences spéciales accordées à l'Union catholique de Montmorillon peuvent être évidemment gagnées par *tous ses membres* : le texte même du rescrit du 23 juin le dit expressément.

« des brochures, journaux, tracts, etc., et même de chaque
« brochure et de chaque journal donnés ou envoyés *suivant*
« *la fin des Comités*, la confection des rapports, procès-
« verbaux, circulaires, etc. ; toutes les correspondances,
« dans l'intérêt de l'Œuvre, etc., etc., donnent-elles droit à
« cette indulgence? » Sa Grandeur a répondu :

« *Affirmativement pour toute œuvre spéciale, et non lors-*
« *qu'on accomplit plusieurs choses* PER MODUM UNIUS » [1].

1. Le texte des questions respectueusement posées à Mgr l'évêque de Poitiers, et des réponses officielles de Sa Grandeur, est conservé dans les archives du comité de Montmorillon.

ASSEMBLÉE GÉNÉRALE

DU 4 JUILLET 1875

PRÉSIDÉE PAR LE R. P. POIRRÉ

PROFESSEUR DU COURS SUPÉRIEUR DE LITTÉRATURE AU COLLÉGE
SAINT-JOSEPH DE POITIERS.

ASSEMBLÉE GÉNÉRALE

PRÉSIDÉE PAR LE R. P. POIRRÉ, PROFESSEUR DU
COURS SUPÉRIEUR DE LITTÉRATURE AU COLLÉGE
SAINT-JOSEPH A POITIERS.

La première Assemblée générale de l'Union catholique
de Montmorillon s'est tenue le 4 juillet 1875 dans le salon
du presbytère de Saint-Martial, sous la présidence du
R. P. Poirré, professeur du cours supérieur de littérature
au collége Saint-Joseph de Poitiers.

La réunion a été précédée d'une messe pour le Souverain
Pontife, célébrée dans l'église de Saint-Martial, sur la
demande du Comité de Montmorillon.

A l'évangile de la messe, le R. P. Poirré, dans une
allocution éloquente et chaleureuse, exhorta ses nombreux
auditeurs à s'unir généreusement aux efforts du Comité
catholique de Montmorillon pour propager le bien et combattre le mal autour d'eux.

Tous ceux qui ont entendu l'éminent professeur de littérature regretteront que ses accents si entraînants n'aient
pu être recueillis autrement que dans la mémoire des
assistants. — Mais, là du moins, l'écho en vibre encore, et les
semences jetées par sa parole apostolique ne sont pas tombées sur un terrain stérile, ainsi que le prouvera la suite de
ce compte-rendu.

Vingt et quelques associés étaient présents à la réunion
générale.

Après la prière d'usage, le R. P. Poirré donne la parole à M. Jean de Moussac, président du Comité, pour lire un rapport sur *l'Œuvre de l'Union catholique de Montmorillon*, son but, ses moyens d'action et les efforts qu'elle a déjà tentés.

I.

Le rapporteur, après avoir remercié le R. P. Poirré de l'honneur et des encouragements que sa présence apporte à l'Œuvre naissante, annonce que cette première réunion générale sera suivie chaque année d'une ou même de deux assemblées pareilles, auxquelles tous les Membres de l'Union catholique de Montmorillon seront convoqués.

Avant même de préciser le but de l'Œuvre, il rappelle ces belles paroles de M. Chesnelong, et proclame après lui que tous les membres des Comités catholiques, loin de prétendre « partager la direction des choses religieuses avec les pas- « teurs qui ont mission de nous conduire, ne veulent être « que les plus soumis de leurs enfants », mais en même temps « leurs soldats d'avant-garde et, s'il le faut, leurs « défenseurs et leurs soutiens »[1].

II

Le but de notre Union catholique est de « *patronner et* « *propager dans l'arrondissement les Œuvres catholiques* »[2].

Le *moyen*, c'est *l'association* qui centuple la puissance des efforts individuels et en assure l'efficacité.

1. Compte-rendu de l'Assemblée générale des Comités catholiques à Paris. Discours de M. Chesnelong. p 22.
2. Règlement de l'Union catholique de Montmorillon. Art. 1er.

Le rapporteur cite de belles pages de MM. Chesnelong
et Harmel proclamant la nécessité et la fécondité de l'association ; il rappelle quelques-unes des invitations pressantes
et réitérées de Nosseigneurs les Évêques engageant les
fidèles à s'unir pour l'action. — Il lit les réflexions si graves
et empreintes d'une si haute sagesse, par lesquelles le vénérable cardinal-archevêque de Paris a pris la peine de
réfuter lui-même les objections qui avaient pu s'élever au
début dans quelques esprits, relativement à l'utilité des
Comités catholiques [1].

Enfin il répète après l'apôtre de l'Usine [2] que « la grande
« voix infaillible de notre illustre et saint père Pie IX ne
« cesse de crier au monde que les associations catholiques
« sont la seule digue qu'on puisse opposer au torrent du
« mal qui envahit la terre, qu'il faut se hâter, car l'heure
« presse » [3].

Déjà des faits nombreux et importants [le rapporteur en
cite quelques-uns] sont venus consacrer les paroles de nos
chefs dans la doctrine et de nos modèles dans la défense de
la vérité.

III.

Quant à nous, voici, dit M. le président du Comité, comment nous avons tâché de suivre la voie tracée par de si
hautes autorités.

1. Compte-rendu de l'Assemblée générale des Comités catholiques à
Paris en 1873, p. 79, 80 et 81.
2 M. Harmel.
3. Compte-rendu du Congrès de l'Union des Œuvres ouvrières tenu à
Lyon en 1874. Rapport sur la *nécessité des Associations chrétiennes dans
l'usine*.
Voir aussi les deux brefs adressés par le S. Père à l'Assemblée générale
des Comités catholiques à Paris, le 13 mars 1872 et le 6 juillet 1874, etc.

Au mois d'avril 1874, sur l'invitation du Comité catholique de Poitiers, quelques personnes de Montmorillon se réunissent ; le Comité se constitue, nomme son bureau, fait son règlement, choisit des correspondants pour chaque canton de l'arrondissement et pour chaque paroisse du canton de Montmorillon. — Puis, après une interruption de quatre mois, occasionnée par la dispersion de ses membres pendant les vacances, le Comité reprend ses séances mensuelles, dont le nombre se monte aujourd'hui à onze, d'une durée moyenne de deux heures.

Les résultats de ces vingt-deux heures de travail sont les suivants.

Cinq correspondants de canton, vingt et un correspondants de paroisse, quatre mille trois cents tracts et cent vingt brochures, soixante-douze journaux religieux formant un total annuel de 14,618 numéros distribués soit à Montmorillon même, soit dans tous les chefs-lieux de canton et dans diverses paroisses de l'arrondissement ; plusieurs témoignages de sympathie, trop faibles encore malheureusement, donnés à deux Œuvres excellentes : 1° l'Œuvre ouvrière catholique de Montmorillon, qui enlève les jeunes ouvriers et apprentis aux dangers du cabaret et de l'oisiveté le dimanche, pour les faire mieux jouir du repos de ce jour sacré, en leur offrant des délassements honnêtes, et surtout pour les habituer à le sanctifier par l'assistance aux Offices divins [1] ; et 2° la Bibliothèque catholique gratuite qui en dix-huit mois a déjà distribué dix mille volumes à près de sept cents lecteurs et lectrices de tout âge et de toute condition ; la fondation de l'Œuvre des Pères Chrétiens, qui réunit tous les mois bon nombre d'hommes à une messe dite exclusivement pour eux à Saint-Martial, œuvre si

---

1. L'Union catholique s'est inscrite parmi les membres bienfaiteurs de l'œuvre ouvrière de Montmorillon.

féconde et si facile tout ensemble, établie parmi nous
avec un grand succès par le dévouement infatigable et la
parole si lumineuse et si élevée de R. P. Argand, recteur du collége Saint-Joseph de Poitiers ; — enfin un fourneau
économique ouvert dans le but de venir en aide aux ouvriers
en leur procurant au plus bas prix possible du bouillon,
de la viande, des légumes et du pain d'excellente qualité,
et qui, inauguré le 14 mars, jour de la clôture du jubilé, et
honoré des bénédictions de Mgr l'Evêque de Poitiers, a
distribué plus de trois mille portions à dix centimes pendant
les deux mois et demi qu'il a fonctionné déjà, et en outre
s'est engagé à fournir aux bureaux de charité et de bien-
faisance le pain qu'ils distribuent aux pauvres de la ville à
deux centimes le kilog. au-dessous du cours : de telle sorte que
l'économie réalisée par ce moyen permettra de donner aux
indigents à Montmorillon mille à douze cents kilog. de pain
de plus chaque année : tel est, rapidement esquissé, le
tableau des œuvres accomplies par le Comité dans ses vingt-
deux heures de travail.

M. le président du Comité rappelle en outre diverses
œuvres moins importantes auxquelles ont coopéré les membres de l'Union catholique de Montmorillon.

Il engage les assistants à lire les comptes-rendus des
admirables et si utiles Congrès catholiques qui se multiplient
dans notre chère et malheureuse patrie. Tous les comptes-
rendus ont été offerts par l'Union à la Bibliothèque dont il
vient d'être parlé.

Le rapporteur termine en remerciant Dieu de la fécon_
dité inespérée accordée aux pauvres efforts du Comité, en
rappelant que cependant ce qui est fait n'est rien à côté de
ce qui reste à faire. Il exhorte donc tous les associés à agir
sans retard et sans faiblesse, et propose de consacrer l'Union
catholique de Montmorillon au Sacré-Cœur de Jésus, afin
d'obtenir de ce Cœur adorable les bénédictions qu'il a

promises Lui-même aux œuvres comme aux personnes qui feront profession de l'honorer particulièrement.

L'Assemblée adopte à l'unanimité cette proposition qui répond si bien à ses plus intimes sentiments. Le R. P. Poirré prononce alors une allocution remplie des plus nobles sentiments et des plus hautes pensées exprimés dans un langage élégant et coloré. Sa chaude parole, sortant toute brûlante d'un cœur d'apôtre, soulève à plusieurs reprises les applaudissements de l'Assemblée.

Commentant le conseil par lequel Pie IX terminait naguère un de ses plus beaux discours : « Unissez-vous dans « vos familles, unissez-vous dans vos œuvres : c'est l'Union « chrétienne qui sauvera la société », il félicite tous les associés présents d'avoir compris cette grande parole, et il les exhorte à devenir des apôtres pour la faire comprendre et pratiquer autour d'eux.

Et, comme l'union la plus parfaite entre chrétiens est celle qui, par un même baptême et une même foi, les fait tous frères en Jésus-Christ, l'orateur engage tous les membres de l'Union catholique de Montmorillon à se rassembler dans le Cœur Sacré de notre divin Sauveur, en faisant tous partie de *l'Apostolat de la prière*.

Il rappelle que cette sainte *Ligue du Cœur de Jésus*, fondée il y a peu d'années, compte déjà des millions d'associés répandus dans le monde entier. Les faveurs spirituelles dont elle a été comblée par le Souverain Pontife sont immenses, et pour les gagner il suffit d'offrir « au moins une fois par jour les prières, les œuvres et les souffrances de la journée aux intentions pour lesquelles le divin Cœur de Jésus prie et s'immole sans cesse » [1].

C'est donc, ainsi que l'a dit le R. P. Ranière, son fondateur, non pas une *Œuvre*, mais un *esprit :* l'esprit d'union

____

1. Statuts de l'Apostolat de la prière, art. 2.

parfaite avec le Cœur Sacré de Notre-Seigneur, avec ce Cœur qui a montré pour notre patrie un amour si particulier, qu'il a daigné demander lui-même, il y a deux siècles, à la France et à ses rois de se faire les missionnaires de cette dévotion bénie.

La plupart des assistants prient le R. P. Poirré de les inscrire au nombre des membres de *l'Apostolat de la prière*, lui montrant ainsi, mieux que par leurs applaudissements, combien sa parole a pénétré profondément dans leurs cœurs. — Le président du Comité termine la séance en s'engageant à étendre, autant qu'il lui sera possible, dans l'arrondissement, la sainte *Ligue du Cœur de Jésus*.

ASSEMBLÉE GÉNÉRALE

DU 22 NOVEMBRE 1875

Présidée par Mgr de SÉGUR.

ASSEMBLÉE GÉNÉRALE

PRÉSIDÉE PAR MGR DE SÉGUR.

La seconde Assemblée générale de l'Union catholique de
Montmorillon a eu lieu le 22 novembre 1875 dans le salon
du presbytère de Saint-Martial et sous la présidence de
Mgr de Ségur. La séance est ouverte par la récitation du
Veni Sancte et de la prière de Pie IX pour la France.
41 membres sont présents. MM. de Lassat, de Martel, de
Chevigné, membres correspondants, se font excuser de ne
pouvoir assister à la réunion. Le président du Comité,
M. Jean de Moussac, remercie Monseigneur d'avoir bien
voulu venir présider l'Assemblée et mettre à son service ses
lumières, sa sagesse et son expérience. Il donne ensuite un
rapide aperçu du but de l'Union catholique, de sa nécessité,
de son utilité, du bien qu'elle est appelée à faire ou qu'elle
a déjà fait, et des encouragements qu'elle reçoit tous les
jours de notre Saint-Père le Pape et des évêques.

Bien que le rapporteur ait déjà traité cette question
capitale devant l'Assemblée générale du 4 juillet dernier, il
roit devoir insister encore en se plaçant à un point de vue
un peu différent, afin de dissiper toutes les obscurités et
toutes les incertitudes qui pourraient subsister dans quelques
esprits.

L'œuvre a un but *religieux et social*, elle tend à remédier à deux grands périls qui menacent l'Eglise et la société : l'Eglise, contre laquelle sont en ce moment déchaînées toutes les puissances de l'enfer ; la société, minée par des doctrines ouvertement mauvaises, subversives de tout ordre et de tout principe. Elle écarte entièrement la politique, et s'interdit absolument ce terrain brûlant comme étant en dehors de son but pacifique et conciliant. Son nom la résume, c'est *l'Union catholique*, c'est-à-dire tous les hommes à qui la cause de Dieu est chère, groupés ensemble, toutes les forces du bien réunies comme en un faisceau, destiné à être opposé aux forces du mal ; en un mot, l'organisation d'une armée de Dieu prête à combattre l'armée de Satan. Sa raison d'être, c'est l'adage bien connu et toujours vrai : *l'union fait la force*. Si nos adversaires ont fait de grands progrès, c'est qu'ils sont unis fortement entre eux par la haine de l'Eglise. Nous les imiterons ; mais notre lien commun sera l'amour de cette sainte Eglise qu'ils veulent renverser.

Nous avons pour nous les promesses du ciel et les encouragements de la terre. Les promesses du ciel, puisque l'Eglise, Dieu l'a dit, luttera toujours victorieusement contre l'enfer ; les encouragements de la terre, ils nous arrivent de tous côtés à la fois. Les évêques, et nos guides et nos pilotes, s'unissent tous pour bénir nos efforts, et l'Évêque des évêques, N. S. P. le pape Pie IX, a daigné naguère encore parler de l'œuvre que nous poursuivons en des termes qui font plus que de l'approuver, qui en constatent l'impérieuse nécessité. « *Il y a eu jusqu'à présent*, a-t-il dit à Mgr l'archevêque de « la Nouvelle-Orléans, *entre les catholiques, union de foi ; il* « *faut qu'il y ait désormais union d'action* ». Cette parole de Pie IX a été répétée au Congrès de Poitiers par Monseigneur Perché, et le vénérable prélat a daigné raconter lui-même aux membres du Congrès les résultats merveilleux qu'il a obtenus en peu d'années dans toute l'immense province ecclésiastique dont il est le métropolitain, en appliquant le programme tracé par le Souverain Pontife.

Qu'avons-nous fait, nous Comité catholique de l'arrondissement de Montmorillon, pour suivre ce conseil? Ici M. le président analyse les progrès de l'œuvre naissante. Son action s'est manifestée à la fois sur les *âmes*, sur les *intelligences* et sur les *corps*.

L'action *sur les âmes* s'est manifestée surtout par l'*Œuvre des pères chrétiens* qui consiste à réunir chaque mois les hommes à la messe qui leur est réservée et au pied de la chaire d'où descendent sur eux des instructions pratiques sur les devoirs particuliers aux chefs de famille.

2° Il nous fallait aussi frapper à la porte de *l'intelligence*. La nourriture de l'intelligence, c'est la vérité. Or la vérité, c'est nous qui la possédons : il nous faut donc la prêcher et la répandre. C'est du reste le plus souvent par l'intelligence que nous pénétrerons jusqu'à l'âme. Nous n'avons donc rien dû négliger de ce côté. Le principal moyen que nous ayons à notre disposition, c'est la lecture. Nous avons donc cherché à répandre de bons livres, des brochures, des opuscules et des tracts. Ces derniers peuvent amener d'excellents résultats. Ce sont de petites feuilles volantes où se trouve condensé en quelques lignes un trait d'histoire, de religion, de morale, d'où leur nom de *tracts*. M. le président donne ici lecture d'une page du R. Père de Boylesve sur les tracts. Le R. P. de Boylesve y fait un grand éloge de ce mode de propagande et en recommande beaucoup l'extension. Nous avons, ajoute M. le président, continué à répandre beaucoup de tracts, soit en les donnant de la main à la main, soit en les distribuant avec les nombreux livres de la bibliothèque de

Montmorillon. — Les journaux offrent encore un puissant moyen d'action sur l'intelligence. Le journal est la seule lecture quotidienne d'un grand nombre de personnes, et il influe tellement sur son lecteur qu'à bon droit on peut dire : tel journal tel homme. Nous nous sommes attachés à ne faire lire que ceux qui s'affirment ouvertement et franchement catholiques. Beaucoup d'entre nous prêtent le lendemain à des ouvriers le journal qu'ils reçoivent. Nous en distribuons ainsi 32. D'autres s'abonnent à des petits journaux quotidiens ou hebdomadaires que le Comité se charge d'envoyer dans les campagnes à une adresse indiquée. C'est le journal du dimanche. Les travaux des champs ne laissent point de loisir sur la semaine ; mais la veillée du dimanche est longue, la lecture du journal l'occupe en la charmant, et la vérité pénètre ainsi dans la chaumière peu à peu, d'une manière insensible mais sûre. M. le président, s'adressant à chacun des membres présents, demande s'il en est parmi eux qui puissent prêter leurs journaux après les avoir lus. Deux membres offrent leurs journaux. M. le président recommande ensuite, pour le répandre dans les campagnes, l'abonnement à *l'Ami de la vérité*. Séance tenante, il est recueilli 6 abonnements. Par conséquent le chiffre des journaux religieux distribués par le Comité de l'Union catholique de Montmorillon s'élève aujourd'hui à 89. — Dix mille tracts et cent brochures historiques sont attendus ; près de neuf cents opuscules de Mgr de Ségur, de M. le marquis de Ségur, de M. l'abbé Mullois, etc., etc., viennent d'être généreusement envoyés par l'Association de Saint-François-de-Sales, la vraie Providence des œuvres qui ne sont pas riches. — Enfin M. le président a recueilli dans les congrès catholiques de Poitiers et de Reims une foule de documents sur les œuvres les plus nécessaires ; et il met ces documents à la disposition des correspondants et des associés de l'Union catholique de Montmorillon.

3° L'Union catholique s'occupe aussi *des besoins corporels.*
Outre que c'est une pensée charitable de s'occuper des
nécessités matérielles de nos semblables, c'est en même
temps un moyen efficace d'établir entre les diverses classes
de la société des relations nécessaires dont les résultats ne
peuvent qu'être excellents.

Le fourneau économique de Montmorillon vient de rallu-
mer ses feux, et M. le président du Comité rappelle que les
Bons de 10 centimes donnant droit à une portion du fourneau ont été mis en circulation afin de faire profiter aussi
les indigents d'une œuvre qui cependant a été créée
avant tout pour les ouvriers et artisans peu aisés, mais
vivant du produit de leur travail. — Les personnes chari-
tables de la ville ne sauraient donner à leurs aumônes une
meilleure forme que celle de ces Bons, qui ne peuvent être
mal dépensés.

Mgr de Ségur remarque, ici, qu'il est très-important de
signaler que ce fourneau n'est pas créé seulement pour les
pauvres, mais surtout pour les ménages d'ouvriers, et que
c'est un préjugé qu'il faut déraciner que de croire ce fourneau destiné aux seules familles qui sont dans le besoin.

Monseigneur redit aussi combien sont précieux les
Bons des fourneaux qui procurent aux pauvres une nourriture
saine et substantielle, et ne peuvent pas, comme le sont
malheureusement la plupart des sous qu'ils ramassent, être
dépensés par eux au cabaret. Il recommande donc chaleu-
reusement aux associés de l'Union catholique de donner
beaucoup de ces Bons.

M. le président fait ensuite un appel à tous les membres
en faveur des jeunes séminaristes qui ne peuvent s'acheter,
au moment où ils sont ordonnés, leurs vêtements ecclésias-
tiques. Mgr de Ségur insiste sur le caractère éminemment
utile de cette œuvre. Souvent une question matérielle de

ce genre retarde, détruit ou empêche une vocation. Et quel immense bienfait pour l'Eglise, si le jeune homme ainsi secouru doit être plus tard l'un de ses docteurs et l'une de ses lumières !

Quelle reconnaissance, par exemple, l'Eglise tout entière ne doit-elle pas au vénérable prêtre qui prit soin des débuts dans la carrière cléricale de cet enfant devenu aujourd'hui votre évêque et l'une des gloires de l'épiscopat catholique !

Le vénérable prélat raconte avec sa verve habituelle la touchante histoire de cet autre enfant, berger comme Sixte-Quint et plus pauvre encore que lui, puisqu'il ne possédait même pas une paire de souliers, seul trousseau exigé de lui par les bons religieux auxquels il demandait l'aumône de la science et de l'éducation ecclésiastique. — Un savetier charitable lui donne cette paire de souliers en lui disant : Tu me la paieras quand tu seras évêque, et Jean de Progny devenu évêque et prince souverain de Genève, cardinal de la sainte Eglise Romaine et l'une de ses colonnes, prit pour armoiries les deux souliers, grâce auxquels il avait pu commencer à parcourir une si brillante et si noble carrière (on peut voir encore ce singulier écusson aux murs de la cathédrale de Genève, bâtie par lui). Et le pauvre savetier devint intendant de Son Eminence le cardinal prince-évêque. Puissiez-vous, et mon souhait n'est pas irréalisable, ajoute Monseigneur, aider les premiers pas dans la carrière cléricale d'un Jean de Progny ou d'un Edouard Pie.

Il est une œuvre encore qui se recommande à l'Union catholique, ajoute M. le président du Comité, c'est celle des Vieux Papiers. Elle a été créée pour subvenir aux besoins immenses du Saint-Père, du Vicaire de N.-S. J.-C. De quelles ressources ne devrait-il pas disposer ! et quelle grande détresse est la sienne ! En réunissant tous les chiffons, papiers, mauvais livres que chacun possède, on est arrivé déjà en les vendant à produire une somme élevée. Elle peut rendre de plus grands services; faisons-la donc connaître et développer. Si petits que soient les moyens employés, le but à atteindre les ennoblit.

L'Œuvre est fondée et s'organise. Deux professeurs du Séminaire, heureux de consacrer un peu de leur temps à secourir la glorieuse détresse du Pape, et à alimenter la caisse de l'Union catholique, veulent bien s'en occuper. — Le produit de la vente de tous ces vieux papiers sera partagé entre le Denier de Saint-Pierre et les œuvres locales, suivant l'exemple donné par les comités catholiques qui ont ainsi utilisé cette ingénieuse idée.

Il est utile, dans toute association, d'avoir un signe matériel qui rappelle l'association elle-même à ses membres, et ceux-ci aux devoirs qu'ils ont accepté de remplir. C'est dans ce but que le Comité catholique de Montmorillon a décidé la création d'une image destinée à être distribuée à tous les membres de l'Union. Elle portera au bas le nom de l'associé, ainsi que la date de l'admission dans l'Œuvre. Sur la proposition de Mgr de Ségur, la réunion décide que l'image portera comme en-tête, outre les mots « Union catholique », ceux-ci *arrondissement de Montmorillon,* et qu'elle portera au dos le détail des petites obligations que chaque membre s'impose en entrant dans l'Union catholique. On devra, en la recevant, verser cinquante centimes entre les mains du trésorier du Comité.

M. le président prie Mgr de Ségur de vouloir bien adresser quelques paroles d'édification et d'encouragement à la réunion. Monseigneur prend la parole. Il constate tout d'abord la nécessité de l'action des catholiques. Il passe en revue les forces de la Révolution et nous montre huit millions d'hommes enrôlés sous la bannière des francs-maçons prêts à marcher à l'assaut de la papauté. Il nous parle du Saint-Père disant à Mgr Mermillod que, d'un jour à l'autre, il s'attendait à voir cette foule s'ameuter et gronder autour de lui. Donc nous aussi, nous devons nous tenir prêts à combattre : pour cela organisons-nous. Nous avons déjà commencé, continue Monseigneur ; et il passe en revue successivement toutes les œuvres catholiques créées dans ces derniers temps. Ce sont : les Comités catholiques qui groupent tous les hommes religieux qui ne savent pas séparer la foi de l'action ; les Œuvres catholiques ouvrières, où l'on prépare à la France des générations d'ouvriers laborieux et chrétiens ; c'est encore l'Association de Saint-François-de-Sales, qui propage les bons livres, aide à fonder les bibliothèques, et répand partout le bon grain de la parole évangélique.

Entrant dans le détail pratique de l'organisation de l'Union catholique, Monseigneur ajoute qu'il faut que le Comité de Montmorillon ait des associés dans tous les cantons et dans toutes les communes, à l'aide des membres correspondants chargés de réchauffer le zèle des tièdes, et de recueillir de nouvelles adhésions. Il voudrait voir entrer dans l'œuvre des Dames, elles s'entendent fort bien à la propagande, dit Monseigneur, et devraient être admises à vos réunions. En effet, à l'heure où nous sommes, les œuvres *capitales*, celles qui doivent être *soutenues et développées, avant tout* ce sont les œuvres *sociales*, telles que l'Union catholique, qui groupe toutes les forces catholiques pour les multiplier par l'union des intelligences, des volontés et des actes. — Donner du pain aux indigents est assurément une œuvre louable et belle, et je félicite, dit Monseigneur de Ségur, l'Union catholique de s'être occupée aussi des besoins corporels. Mais pour les catholiques les secours matériels ne doivent être qu'un moyen de gagner les cœurs, afin d'arriver plus facilement à faire du bien aux âmes. D'ailleurs les esprits les moins élevés comprennent qu'il est bon de donner un morceau de pain ou un vêtement à l'indigent. Mais ce qui n'est pas assez compris et ce que vous devez vous efforcer de faire comprendre, c'est l'indispensable et urgente nécessité de ramener à Dieu la pauvre société française. — On dit que les dames s'occupent ici à procurer la gratuité de l'enseignement aux petites filles de la paroisse de Saint-Martial. Elles ont bien raison. Mais il s'agit de soutenir l'enseignement chrétien dans tout l'arrondissement, et les garçons ont tout autant de besoin que les filles d'être pieusement élevés ; il s'agit surtout d'en assurer l'efficacité pour l'avenir ; car il est plus nécessaire et beaucoup plus difficile d'obtenir la conservation de la foi et de la piété chez les jeunes gens, chez les jeunes filles même, à l'âge des passions, et plus tard chez les pères et les mères de famille, que chez des enfants qui subissent sans peine toutes les impressions bonnes et mauvaises. Sans doute, lorsqu'un homme a été élevé chrétiennement, il retrouve presque toujours sa foi au moment de la mort, et si Dieu lui en donne le temps, il se réconcilie avec Lui. Mais il faut aussi vivre en chrétiens. C'est ce que vous vous efforcez d'obtenir par la propagande des bonnes lectures, des journaux religieux ; c'est le but que se proposent les œuvres ouvrières dont je puis vous affirmer, par ce que j'ai eu moi-même sous les yeux, les excellents résultats. — Pour une tâche si vaste les hommes ne suffisent pas ; voilà pourquoi je ne saurais trop vous exhorter à obtenir des dames le concours le plus actif. Nous avons agi de la sorte dans l'Œuvre de Saint-François-de-Sales ; et notre Conseil central, nos directeurs diocésains ne cessent de se féliciter des résultats obtenus par le zèle si ingénieux et si actif de nos zélatrices. Faites comme nous, Messieurs, dit en terminant Monseigneur, et vous vous en trouverez bien ; mais faites personnellement aussi tous vos efforts pour donner à votre œuvre , œuvre essentielle, je le répète, un vigoureux élan dans tout l'arrondissement de Montmorillon.

M. le président remercie Mgr de Ségur de ses bonnes et fortifiantes paroles. Il rappelle que le Comité de Montmorillon a déjà des membres correspondants dans tous les cantons, et qu'il espère en avoir plus tard dans toutes les communes.

Quant aux dames, le Comité de Montmorillon a des membres honoraires parmi elles, et il s'efforcera de suivre les conseils de Monseigneur et les exemples de la plupart des Œuvres catholiques qui demandent aux dames leur concours actif.

Pour faire connaître à la réunion les progrès accomplis par l'Union catholique, M. le président prie MM. les membres correspondants de l'Œuvre pour chaque canton de faire connaître les résultats qu'ils ont obtenus.

M. de la Tousche prend la parole. A Saint-Savin, l'Union catholique a été bien accueillie, et tout fait bien augurer d'elle. Presque toutes les paroisses du canton· ont leur correspondant, et dans quelques-uns M. de la Tousche a déjà recruté plusieurs associés. Les images créées par le Comité seront, dit-il, d'une grande utilité. Interrogé sur le nombre des adhérents, M. de la Tousche ne l'évalue pas à moins de 30 dans son canton.

M. Grand a recueilli 7 adhésions. Il constate qu'il y a beaucoup à faire dans le canton de la Trimouille, et demande la création d'une bibliothèque. M. le président s'engage à étudier la question et à la présenter au Comité.

M. de la Biche, pour le canton de Lussac, dit que l'Œuvre rencontre bien des difficultés. Il s'occupe pourtant activement de recueillir des adhésions. Il faudrait, dit M. le curé de

Lussac, répandre beaucoup de petites brochures qui sont d'un excellent effet.

M. le président remercie ces Messieurs de leurs efforts et constate que dès à présent le passé de l'Œuvre, quoique bien court garantit son avenir. M. le curé de Notre-Dame appelle en dernier lieu l'attention de la réunion sur une question grave. Il a remarqué que les petits domestiques employés à la campagne à la garde des bestiaux manquaient presque toujours la messe le dimanche : il demande qu'on prenne une résolution pour remédier à cet inconvénient. Sur l'initiative de M. de Lalande, il est décidé que tous les propriétaires devront attirer l'attention de leurs fermiers sur ce sujet, et leur recommander de laisser, au moins un dimanche sur deux, la liberté à leurs domestiques afin que ceux-ci puissent assister à la messe.

La séance est levée à 4 heures et close par la récitation du *Sub tuum.*

La quête a produit 37 francs.

ASSEMBLÉE GÉNÉRALE

DU 9 JUILLET 1876

PRÉSIDÉE

PAR Mgr MERMILLOD, ÉVÊQUE D'HÉBRON

VICAIRE APOSTOLIQUE DE GENÈVE.

ASSEMBLÉE GÉNÉRALE

DE L'UNION CATHOLIQUE DE MONTMORILLO N.

9 Juillet 1876.

La troisième Assemblée générale de l'Union catholique de Montmorillon s'est tenue le 9 juillet 1876, dans le salon de M. le curé de Saint-Martial, archiprêtre de Montmorillon, sous la présidence de S. G. Mgr Mermillod. M. l'archiprêtre ; M. le baron de Traversay, président du Comité catholique de Poitiers ; M. le supérieur du Petit Séminaire ; M. A. de la Garde, secrétaire du Comité catholique de Poitiers ; M. le curé de Notre-Dame de Montmorillon et M. Arthur de Lajallet, ancien officier supérieur, ont pris place au bureau d'honneur.

Soixante-dix associés et vingt membres honoraires étaient présents.

Après le *Veni Sancte Spiritus* et la prière de Pie IX pour la France récités par Mgr l'évêque d'Hébron, Sa Grandeur donne successivement la parole à M. l'abbé Audoin, membre du Comité, pour lire le texte du Rescrit inséré plus haut [1], et à M. Georges Millet, l'un des secrétaires du Comité, pour lire la traduction de ce même rescrit.

Monseigneur donne ensuite la parole à M. Jean de Moussac, président du Comité, pour diverses communications à faire à l'assemblée et pour présenter le rapport sur la situation de l'Œuvre depuis la dernière assemblée générale.

M. le président lit deux dépêches envoyées par M. Merveilleux du Vignaux, premier président à la Cour de Poitiers, et par M. Ernoul, ancien ministre, témoignant l'un et l'autre leurs vifs regrets de ne pouvoir assister à la réunion.

Plusieurs associés des différents cantons témoignent également leurs regrets de n'avoir pas pu répondre à l'invitation qui leur a été adressée, et à cette occasion M. le président explique pourquoi les convocations ont été si tardives. — L'arrivée inopinée de Mgr Mermillod, en comblant de joie le Comité, l'a surpris, et, malgré tout le dévouement déployé par les secrétaires et par plusieurs associés qui ont bien voulu les aider à expédier toutes les lettres d'invitation, il a été impossible que la plupart de ces lettres parvinssent en temps utile.

Le président tient à dire à l'assemblée combien le Comité regrette qu'un concours de circonstances aussi impossibles à prévoir qu'à modifier l'ait mis dans l'impossibilité matérielle de mieux faire, et, par conséquent, ait privé un grand nombre de nos confrères du bonheur de voir et d'entendre Mgr Mermillod.

Le Comité promet de faire tous ses efforts pour que désormais tous les membres de l'Union catholique de Montmo-

---

1. Pages 5 et 7.

rillon soient prévenus plusieurs jours à l'avance de la date des assemblées générales.

Ces communications préliminaires terminées, le président du Comité présente, avec la permission de Sa Grandeur Mgr l'évêque d'Hébron, le rapport suivant sur *les travaux de l'Union catholique de Montmorillon, depuis la dernière Assemblée générale.*

RAPPORT

DE M. JEAN DE MOUSSAC

PRÉSIDENT DU COMITÉ DE L'UNION CATHOLIQUE DE MONTMORILLON.

MONSEIGNEUR,

MESDAMES ET CHÈRES ASSOCIÉES,
MESSIEURS ET CHERS CONFRÈRES,

Après la lecture du Rescrit que vous venez d'entendre et avant même de vous exprimer, Monseigneur, la reconnaissance dont nos cœurs débordent envers vous, la première parole de ce rapport doit être un cri d'amour et de gratitude envers Pie IX qui a daigné ouvrir pour notre Œuvre si modeste les trésors toujours inépuisables de l'Eglise. Nous sentons tous, n'est-il pas vrai, Mesdames et Messieurs? le besoin de déposer entre les mains de notre illustre et vénéré président le serment renouvelé de notre obéissance filiale, de notre adhésion pleine et entière aux enseignements infaillibles de Pierre, vivant toujours dans la personne auguste de son successeur. Si notre divin Sauveur percé de coups, inondé de crachats, couvert de sang et cloué sur la croix entre deux bandits, nous apparaît plus digne de notre amour et de nos adorations que dans la gloire du Thabor ; de même, Pie IX, insulté, conspué, sur cette autre colline devenue un nouveau calvaire, nous apparaît plus digne encore de notre tendre dévouement et de nos hommages empressés, qu'au milieu des splendeurs du centenaire de S. Pierre et du concile du Vatican.

Monseigneur,

Je dois répondre au sentiment unanime de cette assemblée et aux vœux de tous nos cœurs en exprimant à Votre Grandeur notre profonde gratitude pour la bienveillance avec laquelle elle a daigné exaucer notre humble supplique. L'apôtre infatigable, l'illustre et magnanime confesseur de la foi a donné à notre œuvre naissante quelques-unes des heures si précieuses d'une vie si étonnamment remplie devant Dieu et devant les hommes. Nous n'oublierons jamais cet honneur et ce bonheur, et nous tâcherons de nous en rendre dignes en redoublant d'amour pour Dieu, pour l'Église, pour le Pape, et de dévouement pour notre chère Union catholique. Et nous osons vous assurer, Monseigneur, que désormais chaque coup de la persécution dont vous avez la gloire d'être la victime aura dans nos cœurs un retentissement plus douloureux encore que jusqu'à ce jour ; comme aussi nous saluerons avec une joie profonde le jour (puisse-t-il bientôt luire !) où, vainqueur pacifique, vous rentrerez dans votre chère Genève, que vous aimez davantage, n'est-il pas vrai ? depuis que vous souffrez tant à cause d'elle.

Ce ne serait pas remercier dignement Votre Grandeur que de taire la part de notre grand Évêque au bonheur dont nous jouissons aujourd'hui.

S'il nous est donné de posséder en ce moment le second S. François de Sales, c'est, nous le savons, aux bienveillantes et puissantes instances d'un autre Hilaire que nous le devons. Il a daigné plaider lui-même notre cause aux pieds de N.-D. de Lourdes, en ces grands jours où vos deux voix, qui retentissent jusqu'aux extrémités du monde, ont célébré en termes dignes d'elle la Vierge immaculée, et votre amitié n'a pas su résister à sa prière. Nous nous plaisons donc à unir dans notre reconnaissance l'Evêque de Poitiers et le vicaire apostolique de Genève, et nous osons vous prier, Monseigneur, de dire à notre Evêque que notre dévouement respectueux, ce n'est pas assez, notre tendresse filiale pour sa personne, se sont encore accrus depuis que, de concert avec vous, il a pu opérer ce prodige de vous faire ajouter pendant un jour une occupation de plus aux innombrables occupations qui surchargent déjà toutes vos heures.

I.

Mesdames et chères associées,
Messieurs et chers confrères,

« Le mot de l'Écriture, *Væ soli*, nous montre assez que
« l'isolement est le père de l'égoïsme et ne produit que la
« faiblesse. Voilà pourquoi nous demandons à tous ceux
« qui partagent notre foi de s'associer à nos œuvres, ou tout
« au moins de les seconder ; voilà pourquoi nous mettons
« en commun nos pensées et nos actions, nos intelligences
« et nos âmes, sachant bien, par la parole du Maître et par
« une douce expérience, que quand des chrétiens se réu-
« nissent pour honorer leur foi et pour servir leurs frères,

« Dieu prend sa place au milieu d'eux et qu'il se fait sous
« cette invisible influence comme une multiplication de
« l'esprit de charité [1]. »

Ces nobles paroles tombées des lèvres de M. Chesnelong
dans son discours d'ouverture du Congrès des Comités
catholiques à Paris, l'année dernière, caractérisent le besoin
auquel répond notre œuvre. L'éloquent orateur achève d'en
indiquer le but et les moyens en ces termes que vous me
permettrez de vous citer (vous allez voir que vous ne perdrez
pas à cette substitution) :

« A nous de servir de médiateurs entre le prêtre et ceux
« qui ne le connaissent pas. » J'ajouterai, et ceux qui le
méconnaissent ou ne le connaissent pas assez.

« Restons à notre rang, à côté du prêtre, derrière lui,
« n'empiétant pas sur son rôle, dont il a l'incommunicable
« privilége ; mais l'aidant dans son action et lui ouvrant
« par un concours à la fois filial et fraternel, les cœurs qui
« se refusent à son action directe. »

« Le mal s'est fait *légion :* ne faut-il pas que le bien ait
« son *armée* [2]? » Et les applaudissements unanimes de l'assemblée prouvaient à son illustre président que tous ses
auditeurs étaient également convaincus de la nécessité de
l'union de toutes les forces catholiques et de l'intervention
de tous les enfants de Dieu et de l'Église pour ramener au
prêtre (c'est-à-dire à N.-S. J.-C.) notre société qui s'en
éloigne de plus en plus. C'est aussi ce que nous avons
tâché de faire. Examinons comment nous nous y sommes
pris pour le tenter.

---

1. Compte-rendu de l'Assemblée générale des Comités catholiques de
France, les 30, 31 mars, 1-2-3 avril. Discours de M. Chesnelong, p. 6.
2. Ibid. p. 10.

II.

Les œuvres que le président de votre Comité avait l'honneur de signaler au congrès de Poitiers au mois d'août dernier [1], ont toutes vécu, est-il besoin de le dire ? et se sont développées.

Passons-les rapidement en revue.

L'*Œuvre des pères chrétiens* réunit toujours, le 4e Dimanche du mois, bon nombre d'hommes à la messe spéciale qui leur est réservée et autour de la chaire d'où descendent sur eux des instructions pratiques sur les devoirs qui les concernent particulièrement. Une retraite leur a été donnée ce carême par le R. P. Ferréol, de la maison des PP. Dominicains de Poitiers. Elle s'est terminée le dimanche de la Passion par plusieurs centaines de communions. Cette retraite est désormais une institution, et nous espérons que nos rangs deviendront chaque année plus pressés, soit aux pieux exercices du soir, soit à la sainte table le jour de la clôture. A l'avenir en effet, le Jubilé étant fini, les distributeurs de la parole sainte ne seront plus surmenés comme ils l'étaient encore au dernier carême.

Il a fallu, Messieurs, je tiens à le dire très-haut, une immense bienveillance de la part du R. P. Prieur de la maison de Poitiers pour autoriser le R. P. Ferréol à venir nous évangéliser ; et de la part du R. P. Ferréol un immense dévouement pour y consentir en renonçant à un repos nécessaire entre deux stations, consolantes sans doute, mais pénibles.

1. Compte-rendu des Congrès catholiques de Poitiers, les 18. 19,20, 21, 22 août 1875. Rapport sur l'organisation des Comités catholiques d'arrondissement, p. 157 à 172.

L'Union catholique n'a pas été étrangère à l'obtention de cette faveur, car M. l'archiprêtre avait demandé à votre président de joindre sa requête à la sienne. Les brebis s'unissant au pasteur, le R. P. Prieur n'a pas eu le courage de refuser, et il a permis au bon P. Ferréol de venir se dépenser pour nos âmes.

J'espère que notre pieux prédicateur aura été satisfait de son auditoire et des résultats obtenus. Lorsqu'au lieu d'une retraite de quatre jours, nous pourrons en avoir une de huit jours, comme vous en avez l'intention et l'espoir, Monsieur l'archiprêtre (permettez-moi cette indiscrétion), les retardataires eux-mêmes auront le temps d'arriver, d'écouter et de se convertir.

Avouons-le pourtant, Messieurs et chers confrères : dussions-nous en être humiliés en présence de ces dames, nous étions un peu moins nombreux à la dernière réunion mensuelle. Cependant il nous avait semblé avoir fait tous nos efforts pour rendre ces réunions utiles et attrayantes.

Le R. P. Chambellan, deux fois recteur, et de la Faculté de Théologie et du collége Saint-Joseph de Poitiers, avait eu la bonté de venir lui-même au mois de janvier présider la première réunion de l'année au prix de réelles fatigues, et au mois dernier le R. P. Caffin nous apportait sa parole toujours brûlante de zèle et d'amour des âmes.

Pourquoi donc étions-nous moins nombreux ? — Je vois à cela trois raisons. *La première* est que des interruptions involontaires ayant eu lieu en Avril et en Mai, quelques-uns avaient un peu oublié nos réunions.

La seconde est que plusieurs parmi les plus pieux, même membres de l'Union catholique, même (le dirai-je !) membres du Comité, ne se gênent pas assez pour venir à cette messe.

— Prenons tous, je vous en supplie, mes chers confrères, la résolution de ne jamais manquer à la messe des hommes et d'y attirer nos amis de tous les rangs, par nos exemples et aussi par nos exhortations.

Troisièmement. Enfin nos pieuses assemblées ne sont peut-être pas assez vivantes et assez animées. « Un homme « qui a chanté est un homme gagné », disent les missionnaires, et cet adage, assure-t-on, ne rencontre guère de démentis. Or nous ne chantons pas ; nous nous contentons d'écouter les chants de la' Psallette de Saint-Martial, (quand elle nous en fait entendre), et les tentatives essayées jusqu'ici n'ont pas encore réussi. Ne nous décourageons pas ; demandons à nos prêtres d'entonner des chants très-simples, très-connus (ce sont d'ordinaire les plus touchants et les plus beaux) : le Credo, le Miserere ; le cantique si entraînant au Sacré-Cœur ; des cantiques faciles et populaires à la Très-Sainte Vierge, et faisons-nous un devoir de chanter tous, quelle que soit la voix plus ou moins harmonieuse dont nous sommes possesseurs. Nous chercherons des manuels contenant un recueil bien fait d'hymnes, de cantiques, etc., nous les mettrons à la disposition des assistants, et lorsque nous chanterons tous d'un seul cœur et d'une seule âme, vous verrez, Messieurs, quelles émotions profondes et douces nous emporterons de ces réunions bénies.

Je me suis un peu attardé, mais c'était à l'église. — Pardonnez-le-moi, je vais effleurer seulement les autres sujets.

Nous répandions par divers moyens, il y a dix mois, 89 *journaux religieux :* nous en répandons aujourd'hui 207, y compris 110 *abonnements aux Petites Lectures illustrées de Saint-Vincent de Paul.* Le nombre des brochures distribuées, en y ajoutant celles que je possède encore et dont je vous supplie, Messieurs, et vous aussi Mesdames, de me dépouiller au plus vite, est de presque *trois mille : deux mille* d'entre elles nous ont été données par l'*Œuvre de Saint-François-de-Sales,* et 900 proviennent des excellentes collections éditées par *la Société Bibliographique.* Nos *Tracts* s'élèvent aujourd'hui à 13 *mille.* Nous avions avec nos 7 *correspondants de canton,* 28 *correspondants de paroisses ;* le nombre s'en élève aujourd'hui à 31. — Cette progression est insuffisante. Mais l'attention du Comité a été appelée sur ce côté important de notre organisation, et nous osons espérer qu'à la prochaine assemblée générale nous aurons à énoncer un chiffre plus consolant. Le dévouement de nos correspondants de canton saura certainement trouver des correspondants jusque dans les paroisses les plus dénuées d'hommes de dévouement.

Le nombre de nos associés actifs et honoraires et de nos adhérents s'est élevé *de* 92 *à* 162. Nous avons perdu en outre 2 associés : M. Delorme, auquel je suis heureux en passant de donner un affectueux souvenir, ainsi qu'un témoignage de regrets bien sincères au nom de tous ceux qui l'ont connu et si vivement apprécié à Montmorillon ; et le bon vieux Jean Desmazeaux, l'un des plus actifs et des plus dévoués propagateurs de notre Union catholique. — Pour ces deux excellents confrères et pour Madame la baronne de Cavaignac, M. Victor Savin et M. le marquis de la Coussaye, qui les ont précédés dans l'éternité, nous demanderons tout à l'heure à Mgr Mermillod, si vous le voulez bien, Mesdames et Messieurs, de réciter avec nous un *De profundis.*

J'ai en mains une liste de douze personnes qui désirent être présentées. — J'espère que nos correspondants de canton allongeront cette liste. Il faudrait, Messieurs, que l'année prochaine, à pareille époque, nous fussions 500.

Le fourneau économique a rempli une longue carrière cette année. Ses distributions ont augmenté de mois en mois jusqu'à ce que le soleil trop ardent soit venu, il y a huit jours, éteindre momentanément ses feux. La population de notre ville comprend de plus en plus l'avantage que lui procurent ces ventes à prix très-réduit.

Je me hâte, Messieurs, et je ne ferai que mentionner notre œuvre naissante *des Vieux Papiers*, qui vient d'envoyer 600 kilog. à Langres, et se prépare à expédier un second envoi. Les profits obtenus par ce moyen seront partagés entre nos œuvres locales et le Denier de Saint-Pierre.

J'indiquerai aussi en courant la division du Comité en 4 commissions ; 1° *d'organisation* ; 2° *d'enseignement et de bonnes lectures* ; 3° *des fonds ;* et 4° *des œuvres en général*. Le travail étant ainsi divisé, chaque membre du Comité aura sa part de labeur et de responsabilité, et nous osons espérer quadrupler ainsi à l'avenir le bien que nous avons pu opérer jusqu'ici.

La commission *d'organisation* sera principalement chargée de persécuter nos correspondants de canton pour obtenir d'eux, même ce qu'ils déclarent impossible. Attendez-vous donc, Messieurs, à voir le président de cette commission, M. de Taveau, assisté de celui qui vous parle en ce moment, faire des invasions chez vous, et préparez-vous à soutenir nos assauts.

La précipitation avec laquelle j'ai dû tracer ces lignes m'a fait oublier de vous parler de nos quatre messes annuelles. Le Comité a en effet décidé en principe que notre Œuvre ferait célébrer tous les ans quatre messes : l'une pour le *Saint-Père*, l'autre pour la *France*, une troisième pour les *associés défunts*, une quatrième enfin pour nous tous, Mesdames et Messieurs, *membres vivants de l'Œuvre*. Le Saint-Père a daigné déjà bénir cette idée en nous accordant le Rescrit que vous venez d'entendre.

Tel est le résumé de nos pauvres efforts. Avouons-le en toute simplicité : nous sommes de pauvres « journaliers du bon Dieu », pour employer une belle expression du R. P. Eymard ; mais convenons aussi qu'en commençant nos humbles travaux nous n'espérions même pas atteindre ces modestes résultats ; et surtout rappelons-nous que nous n'avons fait que *commencer*.

L'enseignement chrétien est attaqué à tous ses degrés. D'une part on bat en brèche avec fracas la liberté de l'enseignement supérieur, et, tout en protestant qu'on ne veut faire aucun mal aux Universités catholiques, on cherche à leur enlever les moyens de vivre. — D'autre part, sourdement et sans bruit, une société puissante et habile s'efforce de bannir Dieu des écoles primaires. Elle nous entoure de tous côtés, et elle travaille à s'introduire chez nous, grâce à de perfides bienfaits.

Notre petite Union a pu envoyer 355 signatures au Sénat pour demander de maintenir aux Universités catholiques le droit de collation des grades, et notre Comité s'efforcera d'attirer l'attention de toutes les personnes qui ont quelques droits vis-à-vis des écoles, sur l'importance de se servir de ces droits. Il se mettra tout entier à leur service pour les aider à soutenir l'enseignement primaire religieux.

La nécessité urgente des œuvres militaires ne nous a pas échappé non plus. Par les soins de votre Comité, des listes de tous les aumôniers militaires de France seront envoyées à MM. les curés et à tous nos correspondants. Nous **vous** supplions tous, Messieurs, de vous servir de ces listes afin d'adresser les jeunes gens que le service de la France vous enlève chaque année, aux prêtres si dévoués qui consacrent à l'armée tout leur temps et tout leur zèle.

III.

S'il vous en souvient, Messieurs, Mgr de Ségur, à notre assemblée de novembre dernier, nous donnait, avec sa longue expérience des œuvres, plusieurs conseils. Le *premier* c'était de faire de vous, Mesdames, nos puissantes et dévouées alliées en vous associant de plus en plus à notre action. — Depuis lors, un mois après, Mgr de Poitiers donnait à votre rapporteur le même conseil, et dernièrement à Rome le cardinal Borromée renouvelait aux pèlerins de France la même recommandation. — Comment résister à de si hautes autorités et aux exemples que nous donnent l'une après l'autre toutes les grandes œuvres catholiques? Nous vous avons donc appelées à nos assemblées générales afin de vous initier à nos travaux et à nos projets j'en suis sûr. Mgr Mermillod, ne nous en blâmera pas. Et après avoir entendu sa parole apostolique, vous nous montrerez, Mesdames, que votre zèle et votre dévouement surpassent les nôtres. — Humiliez-nous de cette manière, nous vous en supplions.

2° Mgr de Ségur nous demandait aussi de bien nous persuader qu'en nos tristes temps les œuvres *sociales* telles que la nôtre sont les plus urgentes et les plus nécessaires. Votre Grandeur, Monseigneur, voudra bien, je n'en doute pas, *enfoncer* cette conviction jusqu'au plus profond de nos cœurs.

3° Enfin, le vénéré président de notre dernière assemblée générale nous donnait un *troisième* conseil. Il nous exhortait, afin d'arriver à des résultats pratiques, de terminer nos réunions par des conclusions sous forme de vœux, suivant l'usage adopté par tous les congrès catholiques.

Se conformant à cette invitation, votre Comité vous propose les vœux suivants qui ne sont que la reproduction de vœux plusieurs fois *adoptés* par les congrès catholiques.

Tous les membres de l'Union catholique de Montmorillon sont invités :

1° A s'agréger à l'œuvre de *l'Apostolat de la Prière* et

à solliciter autour d'eux le plus d'adhésions possible en faveur de cette sainte *Ligue ;*

2° A faire partie de *l'Œuvre de Saint-François-de-Sales,* dont Mgr Mermillod et Mgr de Ségur sont, après Pie IX lui-même, les principaux fondateurs, et à la développer autour d'eux ;

3° Non-seulement à s'abstenir de *s'abonner* à des journaux qui ne soient pas *franchement et ouvertement catholiques,* de les *acheter* et de les *lire,* mais encore à *soutenir* la *presse religieuse* et par *tous les moyens de propagande* dont ils peuvent disposer.

Je laisse à Votre Grandeur, Monseigneur, le soin de défendre ces conclusions que vous avez bien voulu ratifier, si elles étaient combattues, et je termine en parant la dernière page de ce rapport trop hâtivement éclos, de quelques belles paroles tombées des lèvres d'un homme qui était digne de siéger naguère à vos côtés, lorsque vous déposiez à Lyon, dans le cœur de quelques catholiques dévoués, le germe d'une œuvre appelée à rendre d'éminents services à l'Eglise.

« Nous sommes les serviteurs et les champions de la vé-
« rité, a dit M. Lucien Brun, et notre devoir est d'être
« les meilleurs et les premiers partout. Nous devons cela
« à la cause que nous avons l'honneur de servir, nous le
« devons à la France qui a tant souffert et qui ne se relè-
« vera que par l'effort persévérant de ceux qui croient en
« elle, parce qu'ils croient en Dieu.

« Ne croyons pas et ne laissons pas croire autour de
« nous que le catholique est quitte de tout devoir quand il
« a adoré Dieu dans son temple et multiplié les aumônes.
« Ne croyons pas et ne laissons pas croire qu'il est permis
« à l'homme de bien de s'enfermer dans le désintéresse-
« ment égoïste du mouvement qui nous entraîne ; de se

« persuader à lui-même son impuissance et d'attendre
« avec une résignation mélancolique et oisive un miracle
« que Dieu ne lui doit pas. Il faut se confier au maître des
« événements, sans doute ; mais il faut agir.

« Nous sommes les vrais amis du peuple, les défenseurs
« de la vraie liberté ; c'est dans les flancs de la doctrine
« professée par nous qu'est porté le progrès des nations. Ne
« gardons pas à huis clos les vérités dont nos esprits sont
« éclairés et nos cœurs réchauffés ; portons-les dans la
« mêlée des intérêts humains au grand jour de la discus-
« sion et de l'épreuve publiques. Citoyens et chrétiens, fils
« de l'Eglise et de la France, courage !

« Efforçons-nous, travaillons, travaillons et disons, si
« jamais nous nous sentons défaillir : — Courage, mon âme !
« En haut mon cœur ! C'est pour Dieu, c'est pour la
« patrie [1] ! »

Par de chaleureux applaudissements l'assemblée tout
entière prouve qu'elle s'associe aux nobles pensées si élo-
quemment exprimées par MM. Chesnelong et Lucien Brun,
et témoigne de sa résolution de coopérer avec une activité
et un dévouement croissants aux travaux de son Comité.

Les conclusions du rapport de M. Jean de Moussac, mises
aux voix par Mgr Mermillod, sont adoptées à l'unanimité.

COMMUNICATION DE M. LE BARON DE TRAVERSAY.

Sa Grandeur ayant prié M. le baron de Traversay d'a-
dresser quelques mots à la réunion, M. le président du
Comité catholique de Poitiers, dont chacun connaît et

---

1. Lucien Brun, Première conférence à la Faculté catholique de droit
de Lyon sur « la philosophie du droit », reproduite par la « Revue
catholique des Institutions et du Droit », juin 1876.

admire le zèle, s'excuse d'abord en disant qu'il n'était venu que pour écouter.

Le Comité catholique de Poitiers a adressé récemment au Saint-Père, dit-il, une supplique pour lui demander de daigner étendre à tous les Comités fondés ou à fonder dans notre diocèse et à *tous leurs collaborateurs de l'un et l'autre sexe*, les indulgences et faveurs spirituelles déjà accordées au Comité de Paris.

Appuyée par Mgr Pie, cette requête ne pouvait que recevoir à Rome un accueil bienveillant. M. le baron de Traversay annonce que cette prévision est aujourd'hui un fait accompli. La réponse favorable du Saint-Père est déjà partie de Rome, et ne tardera pas par conséquent à arriver à Poitiers.

L'assemblée tout entière remercie par ses applaudissements M. le président du Comité catholique du Poitou qui a si généreusement pensé au Comité de Montmorillon, fils de celui qu'il préside, et aux frères qu'il saura lui donner, dans un temps que nous nous plaisons à croire peu éloigné.

Mgr Mermillod daigne ensuite prendre la parole et terminer dignement cette belle réunion par une de ces allocutions charmantes qui lui sont si familières ; allocutions pleines à la fois de grâce et de force ; de mots heureux, d'anecdotes touchantes et de vigoureuses doctrines ; de conseils les plus pratiques et de vues les plus élevées.

Suspendus à ses lèvres, tous ses auditeurs l'interrompent à chaque instant par des applaudissements enthousiastes, montrant ainsi à l'illustre et saint confesseur de la foi, que son cœur d'apôtre a su trouver le chemin de leurs cœurs et que ses enseignements ne tombent pas sur une terre inféconde.

Nous avons essayé, d'après des notes aussi étendues

que possible, prises pendant la séance même, de reproduire ce discours. — Puisse cette reproduction imparfaite réveiller dans la mémoire de ceux qui ont entendu le glorieux exilé de Genève, un faible écho de ces accents qui ont remué les plus nobles fibres de leurs âmes! Puisse-t-elle compenser un peu les regrets de ceux de nos associés de l'Union catholique qui n'ont pas eu le bonheur de l'entendre ! Puisse-t-elle surtout obtenir le seul résultat désiré par l'infatigable évêque d'Hébron : faire comprendre de plus en plus la nécessité des Comités catholiques et leur assurer de plus en plus la « *triple coopération* » demandée pour eux à leurs frères par Mgr Mermillod !

ALLOCUTION

DE S. G. MGR MERMILLOD

MESDAMES, MESSIEURS,

Un homme d'un fatal génie [1] a dit cette parole : L'exilé est toujours seul ! — Grâce à Dieu, cette parole n'est pas vraie. — Non, l'exilé n'est pas toujours seul. — Je l'éprouve depuis que je suis en France, et surtout dans le diocèse de Poitiers, où l'exilé pour la cause de Dieu et de l'Eglise retrouve toujours une patrie, près de votre illustre évêque, et sent son courage grandir au souvenir des luttes de votre glorieux saint Hilaire.

Il m'est doux de vous apporter les bénédictions de Lourdes, tout embaumé encore du souvenir de ces grandes journées où cent mille fidèles se pressaient autour de quarante évêques aux pieds de la Vierge Immaculée, acclamant Marie, Pie IX et la France. — Il m'est doux, je le répète, de vous apporter ces bénédictions qui sortent du manteau de Notre-Dame de Lourdes.

Pie IX, Messieurs, compte sur les Comités catholiques. — C'est une œuvre pontificale, fondée d'après ses propres désirs.

1. Lamennais.

Elle est née à Genève, dans cette Rome protestante, où nous avons trois siècles d'erreur à combattre à la fois : le siècle de Calvin, le siècle de Voltaire, et le siècle de la Révolution.

Après le 20 septembre, vous savez quelle était la situation. — Le Pape abandonné, captif au Vatican ; la France écrasée ; tout semblait perdu.

Je rassemblai alors autour de moi quelques hommes de cœur et de foi que j'avais déjà groupés pendant le concile, en prévision des orages qui allaient éclater. — Car un Concile provoque toujours des tempêtes. Chaque affirmation de la vérité est suivie de luttes acharnées.

La vérité est une colombe contre laquelle les passions humaines ne cessent de dresser des obstacles que je comparerai à des rasoirs aiguisés. Lorsque la colombe prend son vol, elle va frapper contre ces rasoirs et y laisse chaque fois quelques gouttes de son sang. Mais, qu'elle soit saint Hilaire ou Pie IX, la colombe finit toujours par user ces rasoirs, aussi bien ceux du XIXe siècle que ceux du IVe.

Et la colombe poursuivant son vol vient apporter au vingtième siècle le rameau d'olivier.

Donc, pendant le concile et en prévision des orages qui s'annonçaient, douze hommes s'étaient réunis dans la prison Mamertine. Je leur dis la messe et leur distribuai la sainte communion. Puis je leur fis part de mes inquiétudes. — Je craignais que l'Allemagne ne voulût infliger à l'Eglise sa protection, et qu'elle ne prétendît reprendre le rôle de Charlemagne. — C'était, à mes yeux, le grand danger du moment. Les prélats allemands étaient remplis de cette idée que la Prusse allait devenir le bouclier de l'Eglise. — Le dirai-je, celui même qui a été le premier frappé, se laissait aller à cette périlleuse illusion. — Il vint jusqu'à Versailles féliciter le nouvel empereur et lui demander d'être désormais le premier défenseur de la Papauté.

— J'avais peur de cette protection parce que c'était la protection de l'hérésie. — Je le dis à ces hommes, à mes douze apôtres, et nous résolûmes de nous mettre en mesure de soutenir le combat.

De cette pensée sont nés, quelques mois après, les Comités catholiques.

Dieu a permis qu'une persécution utile et providentielle enlevât à l'épiscopat allemand ses illusions et le fît se serrer plus étroitement, ainsi que le clergé et les fidèles de ces contrées, autour de la chaire de Pierre.

Aujourd'hui donc, le duel entre la mort et la vie est engagé. — On refuse à Jésus-Christ sa place au soleil. On veut le mettre à la porte de toutes choses. On ne veut plus qu'il bénisse les berceaux ni les tombeaux. Si on repousse le mariage religieux, il n'est pas étonnant qu'on repousse le baptême. Le mariage civil est le vestibule naturel de l'enterrement civil.

La lutte est colossale. — Des journaux sans nombre, obéissant tous au même mot d'ordre, sont fondés partout, sont achetés et lus par tous. Ce qui m'effraye, c'est la solidarité d'idées et de procédés de tous les ennemis de l'Eglise. — Leurs journaux, portant presque toujours les mêmes noms ou des noms analogues, sont répandus partout, dans tous les lieux, dans toutes les mains, et reproduisent d'un bout à l'autre de la France la même idée. Leurs bibliothèques remplissent toutes nos gares.

C'est une bataille gigantesque. La Révolution veut enlever à Dieu les ouvriers, les écoles ; elle veut retirer aux catholiques jusqu'à cette mince concession du jury mixte dont nous n'avons même pas pu bénéficier encore. — Nouvel enfant prodigue, notre société veut mettre à la porte l'Eglise sa mère.

Car la société moderne est un enfant dont l'Eglise est la

mère. C'est elle qui a construit la maison dans laquelle elle-même l'a élevé. Et plus tard, ayant grandi, ce nouvel enfant prodigue a voulu mettre l'Eglise sa mère à la porte de la maison qu'elle a bâtie pour lui. — Car, ne l'oublions pas, « ce sont les évêques qui ont fait la France, comme l'abeille a fait la ruche [1] ».

Devant ces faits, trois situations se présentent au choix.

1° *La neutralité.* — L'Esprit-Saint, qui gouverne l'Eglise, est chargé de la sauver. Il s'en est bien tiré pendant dix-huit cents ans ; il doit continuer. Il est le pilote C'est à lui qu'appartient la mission de conduire la barque de Pierre. A quoi bon nous en mêler ? Restons en repos, et croisons-nous les bras.

2° D'autres se contentent de croire aux prophéties modernes. Il y a sans doute des prophéties véritables, sur lesquelles est appuyée la religion. Mais toutes les prophéties ne sont pas vraies. — Et cependant un certain nombre, même de pieux catholiques, attendent avec calme des miracles, des manifestations de Dieu, qui saura sans l'aide des hommes faire triompher l'Eglise. — C'est une illusion. — *Dieu veut que nous coopérions à son œuvre* et que nous choisissions la troisième situation qui est celle du *travail.*

3° *Travail.* — Le chrétien membre de l'Eglise militante est un soldat, et c'est une erreur de croire que le Pape, les évêques et le clergé sauveront seuls l'Eglise. L'Eglise n'est pas plus à nous, évêques et prêtres, qu'à vous laïques.

Ne faut-il donc que des généraux dans une bataille ? Est-il naturel que les généraux et les officiers seuls combattent, tandis que les soldats se croisent les bras ? Vous êtes, Messieurs, et vous aussi, Mesdames, les soldats de

1. M. Guizot.

l'armée sainte, et vous êtes obligés autant que le Pape, les évêques et vos prêtres à prendre part au combat.

Laissez-moi vous raconter une anecdocte. Un de mes jeunes gens avait été traîné en prison pour avoir sauvé les tableaux de son église.

Il dit aux gendarmes qui venaient le chercher : « Attendez un instant ». Il passe dans sa pauvre chambre et revient au bout de quelques minutes avec ses habits du dimanche. — Lorsqu'il sortit de prison, il vint me prier de le bénir, et je lui demandai pourquoi il avait voulu prendre ses habits de fête : « Monseigneur, me répondit-il, c'est que « je me suis souvenu que j'avais reçu la Confirmation, et j'ai « voulu aller en prison pour la religion, comme on va à la « messe. J'ai traversé mon village conduit par les gen- « darmes, et j'étais fier de souffrir pour la religion, me di- « sant que la Confirmation m'avait fait soldat du bon Dieu. »

Personne n'avait suggéré à ce pauvre paysan cette idée touchante ; c'est l'Esprit-Saint qui ia lui avait inspirée.

Vous devez donc tous prendre part à la lutte et à *toutes les luttes :* luttes intellectuelles sous toutes les formes ; luttes pour l'enseignement chrétien, etc.

La paroisse ne suffit plus. La paroisse ! cette grande création de l'Eglise qui reproduit l'image d'une famille dont le curé est le père et les vicaires les frères aînés, où une même table divine réunit au même banquet tous les membres de la famille.

Ici encore, à Montmorillon, on connaît le prêtre et on l'aime.

Ailleurs, l'évêque est aux yeux des populations un aristocrate qui mange de bons dîners, et le curé un collecteur de gros sous qui fait de bonnes affaires avec les mariages et les enterrements de première classe.

A vous, comme le dit si justement le rapport de votre président, de servir de *médiateurs* entre le prêtre défiguré et amoindri, et l'ouvrier, le paysan qui ne le connaissent plus.

A vous, Comité catholique, de remédier à ce mal.

Les Comités catholiques ont été une œuvre *nécessaire* dans tous les temps ; elle est aujourd'hui *plus indispensable* et *plus opportune* que jamais.

Vous leur devez tous une *triple coopération*. Je vous la demande pour eux du fond de mon cœur d'évêque et au nom de Pie IX.

D'abord, une coopération de *sympathie*. Nous sommes à une époque de critique dissolvante. Les catholiques eux-mêmes sont toujours prêts à dénigrer ce que tentent leurs frères. Et il est à remarquer que ceux qui dénigrent le plus, sont précisément ceux qui ne font rien.

Les bons journaux, par exemple, on les trouve ennuyeux, on ne les lit pas et on ne les soutient pas ; mais on achète et on lit les journaux de nos adversaires, qui, eux, se gardent soigneusement d'acheter et de lire les nôtres.

La sympathie est une grande chose et d'une importance immense.

Voyez : Notre-Seigneur lui-même a eu besoin de sympathie pendant sa Passion ; et un ange au jardin des Oliviers, Véronique sur la voie douloureuse, Madeleine au pied de la croix, sont venus tour à tour le réconforter par leur compassion.

Pie IX aussi dans ces moments de tristesse, de trouble et presque de défaillance que connaissent les cœurs les plus vaillants et les plus généreux, Pie IX est soutenu et encouragé, m'a-t-il dit lui-même, par les sympathies du monde catholique, et il m'a cité tout ému ce trait touchant.

Après la prise de Rome en 1870, la première marque de sympathie qu'il reçut venait d'une pauvre femme de Grenoble,

d'une humble blanchisseuse. — Elle lui écrivait : « Très-
« Saint-Père, on dit que des méchants ont envahi vos
« Etats, pris votre capitale et vous ont fait prisonnier dans
« votre palais. — On dit que vous serez obligé de vous
« enfuir. — Eh bien, Très-Saint Père, je possède une petite
« maison à Grenoble, elle n'est pas grande, ni belle ;
« mais elle est bien propre. Je la ferai blanchir, je l'or-
« nerai de mon mieux. Venez donc vous y réfugier. Vous
« y serez chez vous, bien tranquille et bien aimé. »

Ce n'est rien, Mesdames et Messieurs, ce n'est rien, cette
lettre naïve d'une obscure blanchisseuse, et pourtant ce
témoignage de sympathie a profondément ému Pie IX à
une heure où les angoisses du présent et de l'avenir acca-
blaient sa grande âme.

Je viens d'éprouver moi-même à Lourdes la puissance
de la sympathie. Partout où je dirigeais mes pas, la
foule se précipitait sur mon passage, baisant mon anneau,
mes mains, mes vêtements ; acclamant l'évêque qui a été
« conduit hors de son diocèse entre deux gendarmes », et ces
pieux pèlerins se pressaient autour de moi avec tant d'ar-
deur que je ne pus m'empêcher de leur dire : « Les pro-
« testants m'ont fait confesseur ; mais je crois que vous allez
« me faire martyr ».

Au milieu de la foule, une femme pénètre jusqu'à moi et m'ar-
rête : « Monseigneur, je voudrais vous dire un mot à l'oreille.»
« Madame, lui répondis-je, ne me doutant pas de ce qu'elle
« allait me confier, je le veux bien ; mais je vous préviens
« que si vous voulez vous confesser en ce moment, votre con-
« fession sera un peu publique. » « Monseigneur, depuis trois
« années déjà je fais des pèlerinages à Lourdes pour obtenir
« une conversion à laquelle je tiens beaucoup : celle de
« M. Victor Hugo. »

Je fus assez étonné de cette communication, et je deman-

dai à cette femme si elle était sa parente, son amie.—« Non ,
« Monseigneur, je ne le connais même pas, je ne l'ai jamais vu ;
« mais je désire ardemment sa conversion, et je viens vous
« demander de vous associer à mes prières. »

Je le lui promis bien volontiers, et je continuai ma mar-
che, tout ému de ces paroles et me disant : « Voilà une
« pieuse âme inconnue du malheureux poëte qu'elle veut
« sauver. Sans doute il ne saura jamais son nom, il ne la verra
« jamais. Et peut-être Dieu a-t-il suscité cette sympathie
« et cette prière pour récompenser les strophes dans les-
« quelles il a si bien chanté jadis Dieu et l'Eglise ; peut-
« être dans sa miséricorde réserve-t-il aux humbles sup-
« plications d'une pauvre femme le salut éternel de l'or-
« gueilleux déchu. — Quelle est donc merveilleuse, la
« puissance de la sympathie ! »

C'est, après la grâce de Dieu, la sympathie d'un pauvre
paysan italien qui a soutenu le P. Lacordaire, lorsqu'il
reparut comme Dominicain dans la chaire de Notre-Dame
de Paris.

Il revenait de Rome, où il avait pris la résolution de
rétablir en France l'Ordre des Frères-Prêcheurs. La France
alors était ouvertement hostile aux moines ; le Père
se demandait avec angoisse l'effet que produirait dans
sa patrie son blanc habit de dominicain ; et s'il pourrait, suivant son désir, paraître dans la chaire de la cathédrale
de Paris revêtu du costume de son Ordre. L'archevêque,
Mgr de Quélen, ne croyait pas que cela fût possible.

Le P. Lacordaire s'acheminait donc tout pensif. Il s'arrêta
quelque temps chez les Religieux ses Frères à Alexandrie,
au couvent de Bosco ; et un jour qu'il marchait seul dans la
campagne, absorbé dans ses pensées, un paysan vint à lui
et lui baisa la main en lui disant : « N'est-ce pas vous, mon
« Père, qui allez prêcher en France ? » — « Oui, mon fils. »

« — Eh bien ! je prierai pour vous, mon Père, je vous veux
« du bien... »

Le P. Lacordaire me disait plus tard en se promenant
« avec moi sur les bords du lac de Genève : « Lorsque peu
« après je me dirigeai plein d'anxiété vers la chaire de
« Notre-Dame, me demandant ce que Dieu ferait de l'œuvre
« que j'allais entreprendre, il me sembla voir à ma droite
« mon ange gardien et à ma gauche ce pauvre paysan d'A-
« lexandrie me répétant : « Mon Père, je prierai pour vous,
« je vous veux du bien. » Encouragé par cette parole affec-
tueuse et « accompagné de mes deux anges gardiens, je repris
« confiance. » — Et cette confiance lui donna la force de
dominer le tumulte de son auditoire.

Vous savez ce qui suivit. Le P. Lacordaire prononça son
magnifique discours sur *La Vocation de la France*, qui est
dans toutes les mémoires; et si les conférences du P. Lacordaire ont pu remuer notre temps, cela est dû, peut-être,
pour une part réelle, à la parole de sympathie que lui avait
adressée à une heure d'angoisse ce simple campagnard
italien.

Mesdames et Messieurs, le Comité catholique de Montmorillon est aussi une chaire, une chaire de dévouement à
Dieu et au Pape. Qu'il ne se réunisse jamais, je vous en
prie, sans que chacun de ses membres ne puisse voir à sa
droite et à sa gauche, comme le P. Lacordaire, dans la
basilique Notre-Dame, deux anges gardiens : à sa droite
l'ange à qui Dieu l'a confié ; à sa gauche l'ange de la sympathie de tous les catholiques de cet arrondissement.

Aux heures inévitables où le découragement et la défaillance cherchent à pénétrer dans les âmes les plus viriles,
que l'ange de la sympathie le soutienne et le réconforte.

La *seconde* coopération que je vous demande, c'est la
coopération de *l'intelligence*.

Nous ne sommes pas assez préparés, nous autres catholiques, pour les luttes intellectuelles.

La Révolution est au contraire organisée d'une manière formidable. Presse, colportage et distribution *sous toutes les formes*, de livres, brochures et publications les plus variées : elle sait tout employer.

Pour nous au contraire, nous nous nourrissons surtout de *sentiments*, tandis qu'il faudrait nous nourrir surtout *d'idées* et de *principes*. — Nous devrions faire de fortes et solides lectures ; apprendre même la théologie, oui, la théologie, et non-seulement vous, Messieurs, mais vous aussi, Mesdames. Tous les fidèles sans exception devraient se pénétrer des doctrines de l'Eglise.

Nous vivons, comme je le dis quelquefois, à une époque d'anémie intellectuelle. Le sang des principes manque à notre société. Il faut lui donner du fer comme aux tempéraments affaiblis. Je vais le dire à vos prêtres dans ces réunions de la retraite ecclésiastique qui va s'ouvrir. Je leur recommanderai d'administrer souvent à leurs paroissiens le fer théologique.

Le sentimentalisme déborde. Les âmes ne s'alimentent que d'une nourriture fade. Il leur faut au contraire des aliments vigoureux qui restaurent les caractères affaiblis. Il faut, que les femmes chrétiennes se nourrissent elles aussi, de fortes doctrines. Nos grands'mères le faisaient. Elles lisaient habituellement des ouvrages très-sérieux, même des ouvrages de théologie, que leurs petits-fils: je dis ceux qui passent pour sérieux et instruits, n'ouvrent plus aujourd'hui.

Ma pieuse mère, que j'ai eu la douleur de perdre cette année, me disait, lorsque je lui souhaitai pour la dernière fois sa fête : « Mon fils, je sais que vous voulez me faire un « cadeau pour ma fête, je vous demande de me procurer le « catéchisme de mon enfance, celui que j'ai appris pour

« faire ma première communion : j'ai toujours désiré de le
« relire. »

Je vous demande donc à tous, Mesdames et Messieurs, l'adhésion *des vigueurs doctrinales.* — Un catholique ne doit plus
se contenter d'adhérer aux efforts des Comités catholiques
par ses *sentiments.* Il faut qu'il les soutienne par ses
principes, ses *doctrines* et ses *habitudes intellectuelles.*

Un chrétien ne doit *jamais* donner son argent à de mauvais journaux, ni à de mauvais livres ; il ne doit *jamais en
acheter, jamais en lire,* à moins de nécessité absolue. Acheter un mauvais journal, un mauvais livre, c'est encourager
le mal ; et d'ailleurs qui donc est assez sûr de soi pour affirmer que cette lecture ne lui sera pas pernicieuse ?

Saint François de Sales, obligé de lire les ouvrages pro-
testants, remerciait Dieu à la fin de sa vie de ce que sa foi
n'en avait subi aucune atteinte[1] ; et j'ai connu un vieil
évêque qui, pendant la Révolution, avait été déporté à l'île
de Ré. Jamais il n'avait voulu lire les ouvrages du
XVIIIe siècle. « Je ne me suis privé de nulle lumière, disait-il,
« et je me suis épargné bien des orages. »

Il faut au contraire soutenir de toutes vos forces les bons
journaux, leur donner votre concours moral et pécuniaire.
Les bons journaux, les bonnes publications sont le grain de
sénevé qui, tombant dans une terre fertile, y germe et produit souvent des fruits inespérés.

Auguste Nicolas, l'auteur de tant d'excellents ouvrages,

---

1. S. François de Sales, lettre CLXXIV. Esprit de S. François de Sales,
XVIIIe part., sect. XXX :

« Quelles actions de grâces ne dois-je pas à Dieu, de ce que mon
faible et jeune esprit a pu parcourir les livres les plus empestés des
hérétiques sans ressentir la moindre impression de leur mal ! Oh Dieu !
quand je pense à ce bienfait, je tremble d'horreur de mon ingratitude. »

recevait un jour une lettre d'un protestant d'Amérique qu
lui écrivait : « Cher ami, je ne vous connais pas et pour-
« tant je vous aime. Vous êtes mon bienfaiteur et mon
« sauveur. Vos livres m'ont fait voir la vérité. Mon âme
« vous devra sa vie éternelle, et, lorsque je vous retrouverai
« au ciel, après Dieu c'est vous que j'irai saluer le premier
« comme le père de mon âme. » Qui sait si un bon journal,
envoyé par vos soins, ne rendra pas pour toute l'éternité
la vie à une pauvre âme, plus égarée peut-être que coupable?

Je vous demande donc par *l'adhésion des œuvres* une
troisième coopération en faveur du Comité catholique de
Montmorillon.

Il faut qu'aujourd'hui les fils de l'Eglise sachent donner
leur personne, leur temps et leur argent. Quand je vois un
homme, surtout un jeune homme, qui ne sait pas se servir
pour le bien, de son activité, de son temps, de son intelligence,
de sa fortune, je suis tenté de lui dire avec le poëte :

« Donnez-moi vos vingt ans, si vous n'en faites rien. »

A vous, Mesdames, à vous, Messieurs, de former ces pha-
langes du bien, qui sauront défendre partout et toujours
l'étendard de notre sainte religion.

C'est là, croyez-le, une grande œuvre. La terre du Poitou
a toujours été une terre féconde ; c'est la terre de saint
Hilaire et la terre des géants de la Vendée. Elle a toujours
eu et elle a encore de grands évêques ; elle ne cesse de produire de saints prêtres, d'une activité incessante et
puissante.

J'irai vers votre illustre évêque et je lui dirai : « J'ai vu
« à Montmorillon une grande œuvre ; des hommes pieux,
« des femmes de cœur groupés pour s'exciter à combattre
« le bon combat pour l'Eglise et pour la France. — J'ai
« baptisé leur association, comme vous m'y aviez invité. Et

« maintenant, Monseigneur, c'est à vous, puisque vous êtes
« leur évêque, d'aller les confirmer. »

Oui, Mesdames et Messieurs, servir l'Eglise, servir la
France, c'est l'œuvre des Comités catholiques.

Il y a chrétiens et chrétiens. Il y a des chrétiens qui ne
le sont que le dimanche, et les six autres jours ils croient
qu'ils peuvent discontinuer de l'être. Ils vont à la messe ;
mais le dimanche soir ils accrochent leur conscience à la
porte de l'église, et ils la laissent en disponibilité tout le
reste de la semaine. C'est une grande erreur, l'erreur fon-
damentale de notre siècle si souvent flétrie par Pie IX.
Tous les jours de notre vie appartiennent à Jésus-Christ, et
notre vie publique comme notre vie privée doit lui rendre
témoignage. On l'a chassé de la vie sociale ; il faut l'y faire
rentrer, et cela doit être la principale tâche des Comités
catholiques.

J'ai confiance que Dieu se prépare à reprendre sa place
au sommet des institutions.

Partout aujourd'hui l'Eglise suscite des dévouements
admirables.

Dans mon diocèse, mes prêtres persécutés, dépouillés,
tentés par des promesses brillantes, sont tous restés inébran-
lables ; pas un seul n'a faibli. — Mes pauvres paysans
privés de leurs curés, de leurs églises, travaillés par l'hérésie et la franc-maçonnerie, montrent une constance admira-
ble. — Jamais ils n'ont mieux prié. Ils se réunissent
dans des hangars, et quand ils n'ont pas de prêtre, l'un d'eux
lit les prières de la messe ou récite le chapelet. — Permettez-
moi de leur envoyer d'ici un souvenir paternel et de vous
demander pour eux un *Ave Maria* à la fin de cette réunion.

En ce moment l'Eglise refait le monde. Ne soyons pas
pessimistes : les pessimistes sont ceux qui ne veulent rien

faire ; gardons-nous surtout de rester simples spectateurs de cette lutte suprême.

Pour moi, je crois que nous touchons à une aurore. Ce ne sera pas en vain que l'arc-en-ciel de l'*Immaculée-Conception* aura brillé sur la terre, que le *Syllabus* aura tracé le plan d'un monde nouveau.

L'Eglise travaille ; aidez-la. Dans une gravure représentant le déluge que je voyais dernièrement, une scène m'a frappé.

Les eaux montent, montent, envahissant toute la terre. — Une mère est là : elle s'accroche avec angoisse à la pointe d'un rocher, et sentant que les eaux vont la submerger aussi, de son bras, de son souffle même, de son cœur, par un effort désespéré elle soulève encore son enfant au-dessus des flots et le place sur le sommet du rocher.

Nous aussi, nous sommes envahis par les flots de la Révolution qui montent toujours. Et dans ce nouveau déluge nous voyons une mère, l'Eglise, soulevant au-dessus des eaux sa fille bien-aimée la France. Soutenez le bras de l'Eglise ; aidez-la à soulever la France, votre mère aussi, et vous aurez contribué pour votre part à sauver votre patrie et la société.

M. le président du Comité de Montmorillon propose d'offrir à Mgr Mermillod, pour les prêtres persécutés du clergé de Genève, le produit de la quête qui va être faite. L'Assemblée accepte avec joie, heureuse de donner ainsi à ces nobles victimes une faible marque de sa profonde sympathie pour leurs glorieuses souffrances.

La quête s'est élevée à 150 fr. qui ont été offerts à Sa Grandeur par M. le Trésorier du Comité.

Monseigneur Mermillod daigne terminer la réunion par la prière d'usage, à laquelle il ajoute un *De Profundis* pour les membres défunts de l'association, et un *Pater* et un *Ave Maria* pour ses bien-aimés diocésains, et donner, après la prière, sa bénédiction épiscopale.

TABLE DES MATIÈRES.

Rescrit pontifical accordé à l'Union catholique et aux directeurs de la Bibliothèque catholique gratuite de Montmorillon. 5

Traduction de ce Rescrit. 7

Traduction du Rescrit pontifical accordé aux Comités catholiques du diocèse de Poitiers. 9

Interprétation de deux passages de ce Rescrit. 11

Compte-rendu de la première Assemblée générale, présidée par le R. P. Poirré. 15

Compte-rendu de la deuxième Assemblée générale, présidée par Monseigneur de Ségur. 25

Compte rendu de la troisième Assemblée générale, présidée par Sa Grandeur Monseigneur Mermillod, évêque d'Hébron :

1º Préambule. 39

2º Rapport de M. Jean de Moussac, président du Comité de l'Union catholique de Montmorillon. 43

3º Communication de M. le baron de Traversay, président du Comité catholique de Poitiers. 55

4º Allocution de Sa Grandeur Monseigneur Mermillod. 59

POITIERS. — TYP. DE H. OUDIN FRÈRES.

www.ingramcontent.com/pod-product-compliance
Lightning Source LLC
Chambersburg PA
CBHW071346030726
47594CB00002B/772